Sommer - Sommer-Hits, Sonnenlieder, heiße Bewegungs- & Mitmachknaller für Kinder

Das Liederbuch mit allen Texten, Noten und Gitarrengriffen zum Mitsingen und Mitspielen

Stephen Janetzko

... mehr Info, mehr CDs, mehr Lieder & Noten:
www.kinderliederhits.de

Copyright © 2015 Verlag Stephen Janetzko, Erlangen
www.kinderliederhits.de
Alle Lieder verlegt bei Edition SEEBÄR-Musik Stephen Janetzko, Erlangen
Online-Shop im Internet unter **www.kinderlieder-shop.de**
Coverzeichnung: Petra Lefin - Covergrafik: Stephen Janetzko
Notensatz, grafische Vorbereitung und Idee: Stephen Janetzko
All rights reserved.

ISBN-10: 3957220955

ISBN-13: 978-3-95722-095-0

Inhaltsverzeichnis

Lieder:	**Seite:**
Arriba! (Sommertanz)	4
Es ist wieder Sommer! (Ferienzeit)	5
Sonnenlied	6
In meiner Bi-Ba-Badewanne	7
Ritter Kunibert	8
Shiva naschi (hoi-hoi-hoi!)	9
Der Sommer kommt (1-2-3)	10
Kroko-Tanz	11
Seeräuber Wackelzahn (Piratenlied)	12
Sand, Sand, Sand (Lied vom Strand)	13
Kleine Wolke	14
Ich bin die Mutter Sonne (Lied der Sonne)	15
Liebe Sonne (Liebe Sonne, scheine wieder)	16
Mi-Ma-Mühle, dreh dein Rad!	17
Rot, Gelb, Blau, Grün, alle Farben find ich schön (Farbenlied)	18
Disco-Peppo (Wackel Deinen Popo!)	19
Hallo, hallo, ja, heute sind wir froh	20
Kleine Mücken tanzen (Der Mückentanz)	21
Ich bin müde (Schlaflied)	22

Arriba! (Sommertanz)

Text: Stephen Janetzko; Musik: Frank Penning/Reinald Willenberg; CD "Sommer"
© Edition SEEBÄR-Musik Stephen Janetzko, www.kinderliederhits.de

Tempo: ca. 130

1. Hände in die Luft, ganz nach oben. Fang die Sterne Stück für Stück! Schüttel Deinen Po! Spür den Rhythmus! Die Bewegung ist das Glück! Refrain: Der Sommer ist gekommen, die Sonne steht am Himmel. Ich freu mich auf den Urlaub! Arriba, riba, riba! Wir machen jetzt ne Sause, ne richtig fette Party! Wir feiern ohne Pause - hola, hola, hola! Le-o-le-o-o-la-la. Le-o-le-o-o-la-la. Le-o-le-o-o-la-la, le-o-le-o-o-la. Le-o-le-o-o-la-la.

2. Runter in die Knie, in die Hocke! Dann ganz langsam wieder rauf!
Rundherum im Kreis, wie ein Zeiger immer weiter und gut drauf!

Refrain:
Der Sommer ist gekommen, die Sonne steht am Himmel.
Ich freu mich auf den Urlaub! Arriba, riba, riba!
Wir machen jetzt ne Sause, ne richtig fette Party!
Wir feiern ohne Pause - hola, hola, hola!
Le-ole-o-olala. Le-ole-o-olala.
Le-ole-o-olala, le-ole-o-ola. Le-ole-o-olala.

Zwischenteil & Refrain.

2. Ich blicke auf das Meer, ich komm so gern hierher.
Und weil ich gern hier bin, träum ich so vor mich hin.
Ich tanze wild am Strand, ich lache laut im Sand,
Jetzt klatscht mal in die Hand - ohohoh yeaheah!
Was gibt es Schöneres als Ferienzeit
dort, wo die ganze Zeit Sonne scheint!?

Refrain.

Sonnenlied

Text und Musik: Stephen Janetzko; CD "Sommer"
© Edition SEEBÄR-Musik Stephen Janetzko, www.kinderliederhits.de

1. Die Sonne scheint den ganzen Tag,
weil niemand Regenwetter mag.
Wir danken dir, du heller Stern —
Sonne, wir haben dich gern!

2. Bei Regen wird die Erde nass
Und die Gesichter bleiben blass
Wir rufen: Sonne, komm doch her!
Alle, wir mögen dich sehr!

3. Am Morgen geht die Sonne auf
Am Abend nimmt sie ihren Lauf
Dann scheint sie einfach anderswo,
Sonne, du machst alle froh!

Hinweis:
Einfaches Sonnen-/Wetterlied für die helle Jahreszeit. Weil es so kurz ist, könnt ihr auch einige Strophen "Lala..." einschieben.

In meiner Bi- Ba- Badewanne

Text und Musik: Stephen Janetzko; CD "Sommer"
© Edition SEEBÄR-Musik Stephen Janetzko, www.kinderliederhits.de

Ref.: In meiner Bi-Ba-Badewanne will ich segeln gehn. In meiner Bi-Ba-Badewanne bin ich Kapitän. In meiner Bi-Ba-Badewanne fahr ich übers Meer. In meiner Bi-Ba-Badewanne komm ich wieder her.

1. Immer wenn ich schmutzig bin, nana nana na, sitz ich in der Wanne drin, nana nana na. Seebär'n müssen sauber sein, nana nana na, strahlen wie der Sonnenschein, nana nana na.
Refrain: In meiner Bi-, Ba-, Badewanne...

2. Ich seif meine Füße ein, nana nana na. meine Knie, das ganze Bein, nana nana na.
Gründlich wasch ich meinen Po, nana nana na, Vorderseite ebenso, nana nana na.
Refrain: In meiner Bi-, Ba-, Badewanne...

3. Rücken, Brust und meinen Bauch, nana nana na, schrubb ich kräftig, Arme auch, nana nana na.
Hände waschen, schon gemacht, nana nana na, nun der Hals - wär ja gelacht, nana nana na!
Refrain: In meiner Bi-, Ba-, Badewanne...

4. Haare waschen, Stück für Stück, nana nana na, in den Ohren sitzt noch Dreck, nana nana na.
Schnell noch Nase und Gesicht, nana nana na, nur die Zähne wasch ich nicht, nana nana na.
Refrain: In meiner Bi-, Ba-, Badewanne...

5. So sitz ich von früh bis spät, nana nana na, Leute, wie die Zeit vergeht, nana nana na.
Wasser raus, ich bin noch nass, nana nana na, Handtuch her - das war ein Spaß, nana nana na!
Refrain: In meiner Bi-, Ba-, Badewanne...

Der Ritter Kunibert

Text und Musik: Stephen Janetzko; CD "Sommer"
© Edition SEEBÄR-Musik Stephen Janetzko, www.kinderliederhits.de

Refrain: Ich bin der Ritter Kunibert, ich reite schnell auf meinem Pferd. Mit Rüstung, Schild und Lanze mach ich Jagd auf meine Wanze.

1. Meine Festung, die hat viele Türme. Sie hält stand auch gegen Stürme. Ich hab Tiere, Garten, Frau dabei ein Hund, der macht: Wau!

2. Manchmal kämpfe ich mit meinem Drachen, doch der fängt dann an zu lachen.
Weil er stärker ist als ich. Deshalb amüsiert er sich.

3. Und ich habe schrecklich schiefe Zähne, die ich fletsch wie `ne Hyäne.
Manchen hab ich schon verschreckt. Oder aus dem Schlaf erweckt.

4. Mein Pferd ist das hässlichste von allen, und das hat mir gleich gefallen.
Es schielt und ist gelbgefleckt, hat mich im Gesicht geleckt.

5. Meine Burgfrau, die heißt Kunigunde, ich beschütz sie jede Stunde.
Doch sie ist emanzipiert. Das hab ich sofort kapiert!

6. Kunigunde will für mich nicht kochen, sie hackt Holz ununterbrochen.
Dafür lieb ich sie noch mehr, mach den Haushalt - bitte sehr!

7. Mit meinem Schwert pflüge ich den Acker, während unsre Hühner gackern.
Und sie legen uns ein Ei. Und am Sonntag auch mal zwei!

8. Die Zugbrücke will ich offenlassen, um nicht Freunde zu verpassen.
Ich freu mich auf jeden Mann - oder Frau, das kommt drauf an!

9. Ihr könnt mich doch alle mal besuchen. Vielleicht mach ich Honigkuchen.
Oder einen Obstsalat. Das wird lustig und macht satt.

10. Und dann tanzen alle hier im Kreise zu der alten Ritterweise.
Was zu sagen ich vergaß: Ritter sein, das ist ein Spaß!

Der Sommer kommt!

Text und Musik: Stephen Janetzko; CD "Sommer"
© Edition SEEBÄR-Musik Stephen Janetzko, www.kinderliederhits.de
Tempo: ca. 180

1. Wenn ich aus dem Fenster schau, es ist kaum zu glauben.
Blauer Himmel überall, reib ich mir die Augen.
Und die Sonne meint es gut, hey, die lacht mich an.
Was ich wohl von diesem Tag noch erwarten kann?

Refrain: Der Sommer kommt, (der Sommer kommt,) kommt raus aus seiner Gruft.
Ja, der Sommer kommt, (der Sommer kommt!) Ich spring vor Freude dreimal in die Luft! (1, 2, 3!)

Refrain (Wiederholung): ... vier Mal in die Luft! (1,2,3,4!)

2. Wenn ich jetzt nach draußen geh, ja, dann ist es knackig heiß.
An der Bude steh ich an für ein dickes Erdbeereis.
Und ich leg mich auf die Wiese direkt neben dich.
Hier sind wir noch ganz allein, keiner stört uns nich´!

Refrain: ...fünf Mal in die Luft! (1,2,3,4,5!) ... sechs Mal in die Luft! (1,2,3,4,5,6!)

Zwischenspiel: Lange haben wir gewartet, endlich ist er da!
Hoffentlich auch länger noch als im letzten Jahr!

3. Schlechtes Wetter, das kann uns jetzt gestohlen bleiben.
Endlich kann ich dir auch mal unser Freibad zeigen.
Ach, ist das nicht wunderbar, Sonne auf der Haut.
Lass uns heut`ne Party feiern, ganz spontan und laut!

Refrain: ... sieben Mal in die Luft! (1,2,3,4,5,6,7!)
... acht Mal in die Luft! (1,2,3,4,5,6,7,8!)

Kroko-Tanz

Text: Constanze Grüger, Musik: Stephen Janetzko; CD "Sommer"
© Edition SEEBÄR-Musik Stephen Janetzko, www.kinderliederhits.de

Refrain: Macht doch mit beim Kroko-Tanz, wackelt mal den Kroko-Schwanz, klappt das Maul weit auf und zu, schaut nur her und hört gut zu:

1. ||: Kroko kitzelt sich selbst am Fuß,
das ist für ihn ein Hochgenuss. :||

Refrain: Macht doch mit beim Kroko-Tanz...

2. ||: Kroko schwingt seine Hüften dann,
das sieht ja cool aus, mann-o-mann. :||

Refrain: Macht doch mit beim Kroko-Tanz...

3. ||: Kroko klatscht hinter seinem Rücken,
er muss sich dabei nicht mal bücken. :||

Refrain: Macht doch mit beim Kroko-Tanz...

4. ||: Kroko streckt sich ganz hoch hinaus,
die Knie schüttelt er danach aus. :||

Refrain: Macht doch mit beim Kroko-Tanz...

5. ||: Kroko kann sich zuletzt im Kreise drehn
und jetzt auch noch auf allen Vieren stehn. :||

Refrain: Macht doch mit beim Kroko-Tanz...

Seeräuber Wackelzahn

Text und Musik: Stephen Janetzko; CD "Sommer"
© Edition SEEBÄR-Musik Stephen Janetzko, www.kinderliederhits.de

1. See-räu-ber Wa-ckel-zahn fuhr ü-bern O-ze-an,
auf sei-nem gro-ßen Schiff durch das Ko-ral-len-riff.
Er war ein gro-ßer Held, fuhr um die gan-ze Welt,
trotz dem Pi-ra-ten-hut: Im Her-zen war er gut.

Refrain: He-ja ho-ho-ho, See-räu-ber tan-zen froh!
He-ja, he-he-he, hoch ist die See!

2. Seeräuber Wackelzahn hatte wohl vierzig Mann
und einen Totenkopf - der hatte keinen Zopf!
Kam mal ein Schiff vorbei, gab es gleich Keilerei.
Gut war die Stimmung stets, warn sie erst unterwegs.
Refrain.

3. Wackelzahn war sehr schlau, der hatte eine Frau:
Seeräuberbraut Marie, keine war schön wie sie!
Diese Piratenbraut hatte sein Herz geklaut.
Mit ihr an jedem Tag waren sie doppelt stark.
Refrain.

4. Im großen Ozean fanden die vierzig Mann
Mit ziemlich viel Rabbatz einen Piratenschatz.
Goldstücke sind so schwer, drum schenkten sie sie her.
Nur von dem letzten Rest gabs ein Piratenfest.
Refrain.

Spielanregung:
In den Strophen folgen wir mit der Gestik dem Text. Den Refrain begleiten wir wie folgt:
Heja ho-ho-ho -> beide Arme nach oben in die Luft strecken und auf "ho-ho-ho" 3x über dem Kopf klatschen.
Seeräuber tanzen froh -> mit in die Hüften gestemmten Armen 1x im Kreis tanzen.
Heja he-he-he -> Auf "he-he-he" 3x auf die Oberschenkel klatschen.
hoch ist die See -> nochmal nach oben strecken und in die Luft springen, so dass wir auf "See" gemeinsam aufkommen.

Sand, Sand, Sand (Lied vom Strand)

Text und Musik: Stephen Janetzko; CD "Sommer"
© Edition SEEBÄR-Musik Stephen Janetzko, www.kinderliederhits.de

Refrain: Sand, Sand, Sand! Durch meine Hand, Hand, Hand rinnt der Sand, Sand, Sand, rinnt der Sand, Sand, Sand. Sand, Sand, Sand.

1. Überall am Meer finde ich noch mehr! Sand ist überall, und auf jeden Fall: Badehose an! Und ans Meer heran!

Refrain: Sand, Sand, Sand....

2. Überall am Meer
finde ich noch mehr!
Sand ist überall,
und auf jeden Fall:
Mit den nackten Zehen
will ich barfuß gehen!
Refrain: Sand, Sand, Sand....

3. Überall...
...und auf jeden Fall:
Muscheln, bunt und schön,
sammle ich im Stehn!
Refrain: Sand, Sand, Sand....

4. ... Schaufel in die Hand!
Grab ein Loch im Sand!
Refrain: Sand, Sand, Sand....

5. ... Bei viel Sonnenschein
creme ich mich ein!
Refrain: Sand, Sand, Sand....

6. ... In die Sonne schaun!
Ich werd knackig braun!
Refrain: Sand, Sand, Sand....

7. ... Ist es heute heiß!
Schlecke ich ein Eis!
Refrain: Sand, Sand, Sand....

8. ... Ebbe oder Flut!
Find ich beide gut!
Refrain: Sand, Sand, Sand....

Spielhinweis:
Dieses Lied kann auch aktiv in Bewegung umgesetzt werden. Zum Refrain reiben wir unsere Hände aneinander, falls vorhanden (am Sandkasten, Spielplatz o.ä.), nehmen wir dazu Sand oder feine Erde in die Hände und lassen diese rieseln..
Zu „Überall am Meer" deuten wir das Meer an durch eine Wellenbewegung der Arme. Zu „Sand ist überall" strecken wir einen Arm mit ausgestrecktem Zeigefinger nach vorne und deuten durch Drehen einen Halbkreis an. Bei den wechselnden Zeilen am Strophen-Ende folgen die Bewegungen dem Text: Badehose anziehen (alternativ geschlechtsneutral singbar: „Badekleidung an"), Zehen zeigen, Muscheln sammeln, graben, eincremen usw.

Kleine Wolke

Text: Mathias R. Schmidt; Musik: Stephen Janetzko; CD "Sommer"
© Edition SEEBÄR-Musik Stephen Janetzko, www.kinderliederhits.de

2. Die Rosen lächeln, staunen sehr, hat man das je gesehn?
Der Schmetterling fliegt einfach mit, lässt seinen Nektar stehn.
Der Baum winkt einen Abschiedsgruß, das Gänseblümchen weint,
und Max, der Pudel, bellt wie wild, doch er ist angeleint.

Refrain: Kleine Wolke...

Bridge (auf A-Dur bleiben/gesprochen):
Abflugzeit, ich bin bereit! Wir heben ab! Wir schweben!
Es lebe das Leben!!

Refrain: Kleine Wolke...

Ich bin die Mutter Sonne (Lied der Sonne)

Text: Christian Morgenstern; Musik: Stephen Janetzko; CD "Sommer"
© Edition SEEBÄR-Musik Stephen Janetzko, www.kinderliederhits.de

Tempo: ca. 140

Ich bin die Mutter Sonne und trage
die Erde bei Nacht, die Erde bei Tage.
Ich halte sie fest und strahle sie an,
dass alles auf ihr wachsen kann.
Stein und Blume, Mensch und Tier,
alles empfängt sein Licht von mir.
Tu auf dein Herz wie ein Becherlein,
denn ich will leuchten auch dort hinein!
Tu auf dein Herzlein, liebes Kind,
dass wir ein Licht zusammen sind!

Liebe Sonne, scheine wieder

Text: Hoffmann v. Fallersleben; Musik: Stephen Janetzko; CD "Sommer"
© Edition SEEBÄR-Musik Stephen Janetzko, www.kinderliederhits.de

Liebe Sonne, scheine wieder,
schein die düstren Wolken nieder!
Komm mit deinem goldnen Strahl
wieder über Berg und Tal!
Trockne ab auf allen Wegen
überall den alten Regen!
Liebe Sonne, lass dich sehn,
dass wir können spielen gehn!

Mi-Ma-Mühle, dreh dein Rad

Text: K. Bucher; Musik: Stephen Janetzko; CD "Sommer"
© Edition SEEBÄR-Musik Stephen Janetzko, www.kinderliederhits.de

Refrain: Mi-Ma-Mühle, dreh dein Rad, mahl das Korn für un-sre Stadt. Klip-pe, klapp, klip-pe, klapp, klip-pe, klip-pe, klapp. Mi-Ma-Müh-le dreh dein Rad, mahl das Korn für un-sre Stadt. Klip-pe, klapp, klip-pe, klapp, klip-pe, klip-pe, klapp.

1. Hui, ich bin der Früh-lings-wind, pi-pa-pus-te, Früh-lings-wind! Hui, ich komm von Wes-ten her! Pi-pa-puh, ich freu mich sehr! Hey, ich freu mich sehr!
Refrain: Mi-Ma-Mühle...

2. Hui, ich bin der Sommerwind, pi-pa-puste, Sommerwind!
   Hui, ich weh von Süden her! Pi-pa-puh, weit über`s Meer, hey, weit über`s Meer!
Refrain: Mi-Ma-Mühle...

3. Hui, ich bin der Herbstzeitwind, pi-pa-puste, Herbstzeitwind!
   Hui, ich stürm von Osten her! Pi-pa-puh, mein Weg war schwer!
   Oh, mein Weg war schwer!
Refrain: Mi-Ma-Mühle...

4. Hui, ich bin der Winterwind, pi-pa-puste, Winterwind!
   Hui, ich blas von Norden her! Pi-pa-puh, ich friere sehr! Oh, ich friere sehr!
Refrain: Mi-Ma-Mühle...

Spielanregung:
Ein schönes Lied durch alle Jahreszeiten, auch zum Einführen der vier
Himmelsrichtungen. Zwischen Strophe und Refrain kurz mit dem
Singen warten - alle dürfen pusten!

Alternativ kann dieses Lied auch als Windlied "Pi-Pa-Pustewind" gesungen werden.
Die Strophen bleiben hierbei dieselben, der Refrain lautet dann wie folgt:
Refrain (2x gesungen): Pi-pa, pi-pa, Pustewind, pi-pa, puste doch geschwind!
Pi-pa-puh! Pi-pa-puh! Pi-pa, pustest du?

Rot, Gelb, Blau, Grün, alle Farben find ich schön! (Farbenlied zum Mitraten)

Text und Musik: Stephen Janetzko; CD "Sommer"
© Edition SEEBÄR-Musik Stephen Janetzko, www.kinderliederhits.de

Refrain: Rot und Gelb, Blau und Grün, alle Farben find ich schön! Grün und Blau, Rot und Gelb, viele Farben hat die Welt, viele Farben hat die Welt!

1. Ich hab die Farbe Rot und schmecke auch auf Brot. Ich bin so kugelrund und außerdem gesund.
(Tomate)

Refrain: Rot und Gelb...

2. Ich hab die Farbe Gelb
und strahle auf die Welt.
Bei mir schmeckt jedes Eis.
Den Sommer mach ich heiß!
(Sonne)

Refrain: Rot und Gelb...

3. Ich hab die Farbe Blau,
und jetzt wird's superschlau!
Die Lösung ist nicht schwer:
Du findest mich im Meer!
(Wasser)

Refrain: Rot und Gelb...

4. Ich hab die Farbe Grün.
Du spielst auf mir so schön.
Mich frisst auch gern das Vieh.
Ich glaub, das rätst du nie!
(Gras)

Refrain: Rot und Gelb...

Spielanregung:
Als Ratelied für die Kinder nach jeder Strophe kurz innehalten, bis die Kinder die richtige Lösung gefunden haben. Wenn die Kinder das Lied schon gut kennen, können wir damit eine kleine Aufführung z.B. für die Eltern beim Sommerfest machen.
Dazu bilden die Kinder vier Farbengruppen und kleiden sich in ihrer jeweiligen Farbe, ggf. auch unter Zuhilfenahme von farbigen Tüchern o.ä.
Die jeweilige Farbengruppe singt dann ihre Strophe und lässt die Zuschauer raten. Dann singen alle Gruppen den Refrain zusammen, wobei die Gruppen bei Nennung ihrer Farbe dazu noch aufstehen oder mit den Farbentüchern winken können.

Disco-Peppo

Text: Constanze Grüger, Musik: Stephen Janetzko; CD "Sommer"
© Edition SEEBÄR-Musik Stephen Janetzko, www.kinderliederhits.de

Refrain: Ja, ich bin der Disco-Peppo und wackel gerne mit dem Popo. Er geht zur Seite, hin und her, macht einfach mit, es ist nicht schwer. Geht's dann auf die Tanzfläche rauf, komm ich erst richtig aus mir raus!

1. Die Arme dreh ich vor dem Bauch, und Fingerschnipsen kann ich auch. Die Arme dreh ich vor dem Bauch, und Fingerschnipsen kann ich auch.

Refrain: Ja, ich bin der Disco-Peppo...

2. ||: Die Arme wie ein Roboter und Schulterzucken hinterher. :||
Refrain: Ja, ich bin der Disco-Peppo...

3. ||: Die Hände an die Knie ran, jetzt kommt das Hüftekreisen dran. :||
Refrain: Ja, ich bin der Disco-Peppo...

4. ||: Meine Füße lass ich toben, spring mit einem Satz nach oben. :||
Refrain: Ja, ich bin der Disco-Peppo...

>>Applaus<<

Hallo, hallo, ja, heute sind wir froh!

Text und Musik: Stephen Janetzko; CD "Sommer"
© Edition SEEBÄR-Musik Stephen Janetzko, www.kinderliederhits.de

1. Hallo, hallo, ja, heute sind wir froh!
Hallo, hallo, ja, heute sind wir froh! (winken, "Scheibenwischer")
Lasst uns den Tag beginnen,
wir wollen fröhlich singen.
Hallo, hallo, ja, heute sind wir froh! (mitklatschen)

2. Die Sonne möge scheinen, (Sonne = Kreis in die Luft malen)
den Großen wie den Kleinen! (Groß und Klein mit den Händen andeuten)

3. Ich tauche einmal unter, (unter Wasser schwimmen)
ich glaub, jetzt bin ich munter. (nicken oder mitklatschen)

4. Jetzt schau ich in den Himmel (nach oben schauen, mit Hand waagrecht an Stirn unterstützen)
und male lauter Kringel.

5. Wir können uns mal strecken (Hände ganz nach oben strecken)
bis in die letzten Ecken (auf Fußspitzen stehen und Finger noch ganz nach oben strecken)

6. Jetzt in die Kni-e bücken, dazu nach unten blicken.

7. Wir klatschen in die Hände (oder alternativ: Wir reiben unsre Hände)
Und klettern über Wände. (wie wenn wir einen Berg erklimmen)

8. Wir gehn auf allen Vieren und könn´ am Platz marschieren.
9. Wir schütteln unsre Hüfte und springen in die Lüfte.
10. Wir stampfen auf die Erde und reiten wie die Pferde.

11. Wenn wir uns nun verbeugen, (nach vorne beugen, Arme und Po zeigen in die Luft)
könn` wir den Popo zeigen. (Po noch weiter nach oben und mit einem Finger draufzeigen)

12. Bevor ich wieder gähne, (Gähnen)
da putz ich mir die Zähne (mit Zeigefinger Zähne putzen)

*Spielanregung: Gedacht als Begrüßungs-, Wachmacher- oder Bewegungslied, das sich hervorragend
im Kreis durchführen lässt. Die Reihenfolge ist grob am Tagesablauf orientiert.
Bei den "Hallo"-Zeilen machen wir z.B. folgende Bewegungen:
Erste und zweite Zeile mit den Armen winken (hin und her wie ein Scheibenwischer),
letzte Zeile einfach rhythmisch mitklatschen.
Das meiste ergibt sich aus dem Text (nur der Mittelteil der ersten Strophe ist noch ohne
vorgegebene Bewegungen, dazu kann z.B. einfach wieder gewunken oder weiter geklatscht
oder eine Kreisdrehung gemacht werden - oder weglassen und mit der 2. beginnen).
Je nach den Bewegungen kann schneller oder langsamer gesungen werden.
Die Strophen können nach Belieben gesungen oder getauscht werden.*

Kleine Mücken tanzen (Der Mückentanz)

Text: Hermann Heimeier/Stephen Janetzko; Musik: Stephen Janetzko; CD "Sommer"
© Edition SEEBÄR-Musik Stephen Janetzko, www.kinderliederhits.de

Refrain: Kleine Mücken tanzen in der Abendsonne, ihnen zuzusehen,
das ist eine Wonne. Aber wird es dunkel, kannst du sie nicht sehn,
denn sie fliegen heim und schlafen dort recht schön.

1. Die kleine Mücke Lea* tanzt allein ein kleines Stück,
nun streckt sie aus ihr linkes Beinchen, mal vor und dann zurück.
Beinchen hoch und Beinchen runter, das klappt gut, wie jeder weiß,
Beinchen hoch und Beinchen runter, jetzt flieg' wieder in den Kreis!

2. Die kleine Mücke Leon* tanzt allein ein kleines Stück,
nun streckt sie aus ihr rechtes Beinchen, mal vor und dann zurück.
Beinchen hoch und Beinchen runter, das klappt gut, wie jeder weiß,
Beinchen hoch und Beinchen runter, jetzt flieg' wieder in den Kreis!

3. Die kleine Mücke Anna* tanzt allein ein kleines Stück,
nun streckt sie ihren linken Flügel, mal vor und dann zurück.
Flügel hoch und Flügel runter, das klappt gut, wie jeder weiß,
Flügel hoch und Flügel runter, jetzt flieg' wieder in den Kreis!

4. Die kleine Mücke Lukas* tanzt allein ein kleines Stück,
nun streckt sie ihren rechten Flügel, mal vor und dann zurück.
Flügel hoch und Flügel runter, das klappt gut, wie jeder weiß,
Flügel hoch und Flügel runter, jetzt flieg' wieder in den Kreis!

5. Die kleine Mücke Sara* tanzt allein ein kleines Stück,
sie dreht sich 1x um sich selber und dann wieder zurück.
Linksrum drehen, rechtsrum drehen, das klappt gut, wie jeder weiß,
Linksrum drehen, rechtsrum drehen, jetzt flieg' wieder in den Kreis!

6. Die kleine Mücke Finn* tanzt zu uns so ganz allein,
nun streckt sie ihren spitzen Stachel heraus, das ist gemein!
Stachel hoch und Stachel runter, und jetzt ist das Liedchen aus,
Stachel hoch und Stachel runter, nun gibt's tosenden Applaus!

Spielanregung:
Wir bilden einen großen Kreis und fassen uns an den Händen. Beim Refrain tanzen alle im Kreis herum, bis wir zum Ende des Refrains im Kreis stehen bleiben oder wie vorgegeben ruhen.
Bei jeder Strophe spielt ein Kind (* = Vorname des jeweiligen Kindes) die kleine Mücke und fliegt in die Mitte des Kreises. Es macht alle Bewegungen nach, wie sie gesungen werden.
Dabei nehmt ihr als linken und rechten Flügel natürlich eure Arme.
In der 5. Strophe könnt ihr den Stachel bilden, indem ihr vor dem Körper eure beiden gestreckten Zeigefinger zusammenführt. Alle übrigen Kinder dürfen die jeweilige kleine Mücke während der Strophen durch Klatschen unterstützen.
Viel Spaß!

Ich bin müde

Text und Musik: Stephen Janetzko; CD "Sommer"
© Edition SEEBÄR-Musik Stephen Janetzko, www.kinderliederhits.de

Refrain: Ich bin müde, furchtbar müde, und ich will jetzt sofort in mein Bett. Ich bin müde, schrecklich müde, unter einer Decke fänd ich es jetzt nett.

1. Eins ist klar: Es wird nie mehr, wie's heute war.
Doch gewiss, dass es auch morgen schön noch ist.

Refrain: Ich bin müde...

2. So viel Zeit ist heut verstrichen, weit und breit.
Nur noch Ruh, und mir fall`n beide Augen zu.

Refrain: Ich bin müde...

Spielanregung:
Zum Ende wiederholen wir den Refrain mehrmals und werden beim Singen immer leiser, so dass wir zum Schluss nur noch flüsternd singen.
Bei "mü...de" können wir immer kräftig gähnen...

DIE CD ZUM BUCH:

Stephen Janetzko:
CD "Sommer" - Sommer-Hits, Sonnen-lieder, heiße Bewegungs- & Mitmachknaller für Kinder. 20 Lieder von & mit Stephen Janetzko zum Mitsingen, Zuhören und Bewegen.

Alle Liedtitel der CD:

1. **Arriba! (Sommertanz)**
2. Es ist wieder Sommer! (Ferienzeit)
3. **Sonnenlied**
4. In meiner Bi-Ba-Badewanne - *NEU!*
5. *Ritter Kunibert* - *NEU!*
6. **Shiva naschi (hoi-hoi-hoi!)**
7. *Der Sommer kommt (1-2-3)* - *NEU!*
8. **Kroko-Tanz**
9. Seeräuber Wackelzahn (Piratenlied)
10. **Sand, Sand, Sand (Lied vom Strand)**
11. Kleine Wolke
12. **Ich bin die Mutter Sonne (Lied der Sonne)**
13. Liebe Sonne, scheine wieder
14. Mi-Ma-Mühle, dreh dein Rad!
15. **Rot, Gelb, Blau, Grün, alle Farben find ich schön (Farbenlied)**
16. Disco-Peppo (Wackel Deinen Popo!)
17. Hallo, hallo, ja, heute sind wir froh
18. **Kleine Mücken tanzen (Der Mückentanz)**
19. Ich bin müde
20. Arriba! - Sommertanz (PLAYBACK)

Alterszielgruppe **ca. 4-10 Jahre**/ Spieldauer **ca. 66 min.** Best.-Nr. 91033-275, ISBN 978-3-941923-44-7
INFO & SHOP: **www.kinderliederhits.de** - © SEEBÄR-Musik (Labelcode LC 05037)

Stephen Janetzko: Mit einer 20-minütigen MC „Der Seebär" fing alles an, heute sind es weit über 600 Kinderlieder, die der gebürtige Hagener Liedermacher bereits auf über 50 CDs und in zahllosen Liedsammlungen veröffentlicht hat. Viele davon, wie „Hallo und guten Morgen", „Wir wollen uns begrüßen", „Augen Ohren Nase", „Das Lied von der Raupe Nimmersatt", „Hand in Hand" oder „In meiner Bi-Ba-Badewanne", werden heute gesungen in Kindergärten, Schulen und überall, wo Kinder sind.

www.kinderliederhits.de

Alle Rechte vorbehalten. *Dieses Werk ist urheberrechtlich geschützt. Jegliche Vervielfältigung und Verwertung ist nur mit Zustimmung der Autoren bzw. des Verlags zulässig. Das gilt insbesondere für Übersetzungen, die Einspeicherung und Verarbeitung in elektronischen Systemen sowie für das öffentliche Zugänglichmachen wie zum Beispiel über das Internet.*
Ein Nachdruck oder eine Weiterverwertung ist nur mit schriftlicher Genehmigung des Verlags möglich.

© Verlag Stephen Janetzko, **www.kinderliederhits.de**

www.ingramcontent.com/pod-product-compliance
Lightning Source LLC
Chambersburg PA
CBHW081504040426
42446CB00016B/3392